Norbert Braun

DIE KOMPOSTIERUNG DER "GRUFTIES" UND "SCHEINTOTEN"

**Ein visionärer Versuch,
wertvolles Humankapital
zum Leben zu erwecken**

Bibliographische Information
Der Deutschen Nationalbibliothek
Die Deutsche Nationalbibliothek
verzeichnet diese Publikation in
der deutschen Nationalbibliographie;
detaillierte bibliographische Daten sind
im Internet über http://dnb.d-nb.de abrufbar.

IMPRESSUM
Copyright: **2010 Norbert Braun**
Herstellung und Verlag: **Books on Demand GmbH**
     Norderstedt
ISBN: **978-3-8391-6656-7**

INHALT

VORWORT

Wir stehen an der Schwelle eines asiatischen Zeitalters. Das asiatische Lohnniveau setzt sich unaufhörlich durch.

Den Briten war es gelungen, Lohn- und Preisniveau auf chinesisches Niveau zu reduzieren.

Die Industrieabwanderung nach Südchina über die vormals britische Metropole Hong Kong zwang zu diesen dramatischen Anpassungen.

Die Beschäftigungschancen in unserer bisherigen Wirtschaftsordnung schmelzen wie ein Schneemann am Ende des Winters. Die dramatischen Veränderungen der Finanzströme führen zur Verlagerung unzähliger Arbeitsplätze in die Wachstumsmärkte und lösen ein Seriensterben von unzähligen Unternehmen aus.

Die Zeit ist gekommen, sich aufzubäumen und mit der Schaffung einer alternativen Wirtschaft zu beginnen.

Arbeitsplätze in Deutschland verschaffen nicht die Superrenditen, die sich die Reichen und Superreichen wünschen.

Die Betroffenen müssen beginnen, mit dem Wohlwollen des Staates und mit seiner Unterstützung sich selbst zu helfen.

DER AUTOR

Anmerkung:
Die Wirtschaft ist heute einem raschen Wandel unterworfen. Die genannten Zahlen sind ebenfalls einer fortwährenden Evolution unterworfen. Sie erfordern eine Anpassung in regelmässigen Zeitabständen.

VORSPANN

Wir schreiben das Jahr 2030 ...

Das asiatische Zeitalter hat längst begonnen.

China ist die dominierende Weltmacht geworden. Wirtschaftlich und militärisch haben die Chinesen die USA längst hinter sich gelassen.

Die US-Politiker träumen von einem Comeback zur Weltspitze. Dies muss aber ein Traum bleiben. Die Chinesen dominieren fast alle attraktiven Industrien und Dienstleistungszweige.

Alle Versuche, die chinesische Expansion durch Abkommen einzudämmen, sind misslungen. Den Chinesen war die permanente Beschäftigung ihrer Wanderarbeiter und die Ablösung der Unternehmens-Altersversorgung durch staatliche Altersversorgungs-Systeme wichtiger.

Die chinesische Rente baut einen soliden Kapitalstock auf, der voll von der boomenden chinesischen Wirtschaft profitiert. China übernimmt nur die guten Produkte und Lösungen aus Europa.

Das deutsche Rentensystem ist notleidend und unsozial und demzufolge zum Kopieren uninteressant.

China hat sich den riesigen wissenschaftlichen und industriellen Vorsprung vergangener Jahrhunderte wieder zurückerobert. Die Chinesen nutzen die 168 Stunden einer 7-Tage-Arbeitswoche bei ihren wissenschaftlichen und Entwicklungs-Aktivitäten voll aus.

Das europäische Arbeitssystem ist chancenlos. Von der Industrie des einstigen Export-Weltmeisters sind nur noch Ruinen übrig geblieben.

Viele Deutsche versuchen, vom chinesischen Boom und von dem vorbildlichen Sozialsystem zu profitieren und haben chinesische Arbeitsplätze erkämpft. Sie leiden jedoch unter der chinesischen Diskriminierung. Es ist nicht leicht, ein Mensch zweiter Klasse in einem sehr erfolgreichen Land zu sein. Wer die chinesische Bildung und Kultur nicht erlernen wollte, ist eben nur ein mieser "gweilo", ein fremder Teufel.

Den deutschen traditionellen Unternehmen geht es prächtig. Sie haben Deutschland zur "Cash Cow" erklärt, die bis zum letzten Atemzug gemolken werden muss. Die erwirtschafteten Gelder werden in den Zukunftsmärkten China, Indien und Russland investiert.

Die medizinische Versorgung von gestern ist nicht mehr finanzierbar. Grössere Eingriffe müssen vom Familienverband gezahlt werden. Wer keine Grossfamilie hat, für den ist nach britischem Vorbild das Leben zu Ende.

Die Lebenserwartung sinkt aus diesem Grunde und ist eine sehr willkommene Entlastung der Rentenkasse.

Die knappen Kassen zwingen zu drastischen Einsparungen beim Import von Düngemitteln.

Um eine Hungersnot zu vermeiden, schlagen Bischöfe der grossen Konfessionen vor, die im Überfluss vorhandene Biomasse der vorzeitig Verstorbenen als Düngemittelersatz einzusetzen.

Die Rückkehr zur Wirtschaftssituation der 1950er Jahre zwingt die Beamtenschaft und die Politiker zu drastischen Massnahmen, um ihre Pensionsansprüche und Privilegien zu finanzieren. Die Ganz-körperverwertung vieler Millionen Rentner ist eine erste Massnahme.

Der Export von Organen rüstiger Rentner wird zum Spitzen-Exportartikel. Natürlich müssen die Preise für die Mittelklasse erschwinglich sein.

Jeder Organ-Schnäppchenjäger findet hier, was er braucht. Die Nachfrage steigt stetig. Nur einmal muss ein Organ-Winterschlussverkauf durchgeführt werden.

Das Gold in Millionen vergoldeter Zähne leistet einen wichtigen Beitrag zur Finanzierung der Beamtenpensionen.

Im Sudan und in Zaire werden die Zeltlager ehemaliger Flüchtlingslager angemietet und erweitert. Hier ist es möglich, Seniorenheime für nur 20 Euro pro Kopf und Monat zu operieren. So stehen riesige Einsparungen für die Versorgung von Beamten und Politikern zur Verfügung.

Die Versorgung der Pflegebedürftigen wird sehr kostengünstig von einheimischem Personal durchgeführt.

Die kostensparenden Massnahmen werden mit grosser Freundlichkeit und scheinbar menschlicher Anteilnahme von geschultem Personal durchgesetzt.

Willige Möchte-gern-Unternehmer gibt es genug. Die Banken geben ihnen aber keine Chance gegen die boomenden chinesischen und indischen Mitbewerber. Finanziell ausgezehrt müssen sie bald aufgeben.

Die demographische Entwicklung hätte eine bis zu 90%ige Sozialabgaben-Belastung der Löhne und Gehälter notwendig gemacht. Hier wurde rechtzeitig gegengesteuert und das Recht auf Rente durch ein Recht auf Lebensmittelversorgung ersetzt.

Die Rentner erhalten monatlich ein Couponheft für die Versorgung mit Grundnahrungsmitteln. Wer sein Brot mit Butter, Käse oder Wurst belegen möchte, muss dies aus hinzuverdientem Geld tun.

Der Staat hat dem unablässigen Druck der Gläubiger der Staatsschulden nachgegeben und das Immobilienvermögen der Bevölkerung überschrieben. Dies geschah über einen längeren Zeitraum, um Aufruhr zu vermeiden.

Die früheren Immobilienbesitzer wohnen noch in ihrer ehemaligen Immobilie, müssen jedoch Miete an die neuen Eigentümer zahlen.

Den Beamten und Politikern geht es wie immer gut. Sie wollen weiterhin ihre Privilegien und Annehmlichkeiten von vorgestern geniessen.

So ist eine Zweiklassen-Gesellschaft entstanden. Die Beamten betrachten ihre Hauptaufgabe darin, den Mangel zu verwalten und nicht die Probleme zu lösen.

Das Renteneintrittsalter ist auf 75 erhöht worden, obwohl über 50-Jährige keine Chance auf dem Arbeitsmarkt hatten.

Die Aufrechterhaltung eines bürgerlichen Lebensstandards mit PKW, Computer, Fernsehen, Urlaub, etc. ist zu einem Privileg der beherrschenden Kaste geworden.

Die Masse der Bevölkerung hat die Expansion der fortschreitenden Armut - in kleinen Raten unaufhörlich serviert - akzeptiert.

Der Lebensstandard ist zu dem der 1950er Jahre zurückgekehrt.

EINFÜHRUNG -

EIN TEIL DER REALITÄT

1. Die Falle der Staatschulden ...

Ihre Regierung hat in Ihrem Namen 1,5 Billionen Euro Schulden gemacht, für die das Volk als Souverain mit seinem Vermögen haftet!

Sie - das Volk als Nachfolger des Deutschen Kaisers - sind der Souverain der Bundesregierung.

Als solcher müssen Sie für die 1,5 Billionen Staatschulden, die Ihre Regierung in Ihrem Namen gemacht hat, gerade stehen, nicht die wechselnden Regierungen.

Der Konkurrenzkampf mit dem chinesischen Industriegiganten zwingt die deutschen Fabrikanten immer stärker, chinesische Einkommen in Deutschland durchzusetzen, um zu überleben.

Eine Vielzahl der deutschen Handelsketten akzeptiert keine deutschen Produkte mehr.

Die Chinesen haben sich zunächst die Absatzkanäle in Europa gesichert. Sie haben riesige Vertriebsorgansiationen aufgebaut, natürlich unter deutscher Tarnung.

Sie haben nun erreicht, dass deutsche Hersteller selbst in ihrem Heimatland nicht mehr akzeptiert werden.

Die Anpassung an osteuropäische und chinesische Löhne ist für ein Come-back eine absolute Notwendigkeit, um die Abwanderung der Industrien zu stoppen.

Mit solchen Mini-Einkommen wird die Rückzahlung der Staatsschulden in Höhe von 1,5 Billionen Euro nicht mehr möglich sein.

Die Gläubigerbanken beobachten sie Entwicklung mit Sorge.

Man sollte als Deutscher verstehen, was die Umsetzung von Beschlüssen der Finanzwelt am Empfangsende bedeutet.

1.1   Beispiel Grossbritannien

Die Briten kanalisierten das Kapital, das mit der Förderung des Öls aus der Nordsee verdient wurde, in den Aufbau von 20.000 kleinen Fabriken.

Das war der Rettungsring für Rentner und Arbeitslose.

Die internationalen Währungshüter unterbanden die Aufnahme von Bankkrediten zur Auszahlung von Renten und Arbeitslosen-unterstützung.

Ich kenne keinen britischen Rentner, der den Rettungsring abgewiesen hätte. 60- und 70-Jährige nahmen diszipliniert die Arbeit wieder auf.

Viele arbeiten heute noch mit 80 oder fast 90, weil eine interessante Aufgabe einfach Freude macht. Es lohnt sich, wieder mitten im Leben zu stehen.

Pflegefälle fielen den eisernen Sparmassnahmen zum Opfer. Die Rückzahlung der Schulden an die internationalen Banken hatte Vorrang vor Humanität.

Durch Unterbindung der ärztlichen Versorgung, durch Einsparung der Heizung im Winter für Pflegebedürftige, durch drastisches Einschränken der Gelder für Nahrungsmittel konnte die Anzahl der Menschen, die zum Wiederaufbau der britischen Industrie keinen Beitrag leisten konnten, dramatisch reduziert werden.

Natürlich wussten alle Beteiligten, an welchen Stellschrauben gedreht werden musste, um die Zahl der nicht arbeitsfähigen Rentner drastisch zu reduzieren.

Die britischen Beamten protestierten subtil über die Behandlungen der Hilfsbedürftigen.

Beim Besuch eines meiner Kunden, dem London University Hospital, hatte ich ein bewegendes Erlebnis.

Da sich die Regierung über die Euthanasie der Rentner bedeckt hielt, wusste ich nichts davon und machte eine flapsige Bemerkung darüber. Daraufhin bat man mich, beim Tragen von mehr als fünfzig Leichen mitzuhelfen. Sie waren am Vortage aufgrund von Leistungsverweigerung verstorben.

Ich konnte diese Bitte nicht abschlagen, da ich den Anschlussauftrag brauchte. Das Tragen von mehr als fünfzig Toten ist eine einprägsame Handlung.

Deutschland war einer der wichtigsten Akteure im Internationalen Währungsfond. Deutschland hätte schon vor Jahren mit einer ähnlichen Aktion, Sparmassnahmen einzuleiten, beginnen müssen.

Bei uns scheuen sich die Verantwortlichen, die unglaubliche Arbeitsleistung zu erbringen, 20.000 neue Industriewerke in den Markt zu boxen.

Der Redakteur einer britischen Wirtschaftszeitung sagte vor einiger Zeit ganz offen, dass erst ab einer Million Toter bei den Verantwortlichen die Bereitschaft bestehen würde, die Leistung von 1945 zu wiederholen.

Von einer Präventivlösung, wie es anderswo zivilisierte Nationen vorexerziert haben, kann zur Zeit noch keine Rede sein. Die Lösungen der asiatischen und europäischen Vorbilder sind zu arbeitsintensiv.

Am 1. Mai 2004 sind zehn Niedriglohnländer in die EU eingetreten, Bulgarien und Rumänien inzwischen ebenfalls. Weitere Balkanstaaten werden folgen. Die Ukraine und die Türkei leiten ihren Beitritt ein.

Die deutschen Löhne und Preise müssen auf das Niveau der östlichen Nachbarn fallen.

Das Trampolin zu einem Come-back für Deutschland wird entstehen.

1.2 Beispiel Finnland

Bei hoher Staatsverschuldung durch Industrieabwanderung und ungünstiger demographischer Entwicklung müssen die Internationalen Institutionen wie IWF oder EU eingreifen, um sicherzustellen, dass die Gläubigerbanken des Staates nicht untergehen.

Regierungen unterschätzen immer wieder die Auswirkungen von Industrieabwanderungen. Es wird nicht beachtet, dass nach einer Abwanderung die Steuern in Osteuropa und Asien gezahlt werden.

Das Volk fordert die Leistungen von gestern und berücksichtigt nicht, dass der Kuchen täglich schrumpft.

Industrieabwanderung bedeutet Export von Wohlstand und Import von Armut.

Die Internationalen Institutionen können die Finanzverwaltung in einem Land übernehmen und durch Zwangsüberweisungen die Staatsschulden reduzieren.

Dies kann dazu führen, dass 60 - 100 % der Ersparnisse und Rentenüberweisungen an die Gläubigerbanken zwangsüberwiesen werden. Beim Verkauf eines Hauses kann der gesamte Betrag einkassiert werden.

Finnland erwischte es vor ca. 30 Jahren. Über Nacht verloren die Bürger 50 % ihres Einkommens.

In den Büros herrschte blankes Entsetzen. Eine Geschäfts-verhandlung war völlig unmöglich. Niemand wusste, wie er mit seinem halben Einkommen seine Familie ernähren sollte.

Der Einkäufer eines finnischen Industriebetriebes sagte mir:

"Wie kannst Du versuchen, von mir einen Auftrag zu bekommen? Kannst Du nicht verstehen, was es bedeutet, wenn man über Nacht sein halbes Einkommen verliert ? Ich kann nicht mehr klar denken. Bitte komme wieder, wenn ich einen Weg gefunden haben, meine Familie zu ernähren."

1.3 Beispiel Argentinien

In Grossbritannien und Argentinien wurden die Ersparnisse der Bürger eingezogen.

Ein Grossteil der fälligen Renten und Pensionen wurde an die Gläubigerbanken ausgezahlt.

Durch die Einkommenstalfahrt, die in den vorgenannten Ländern stattfand, wurde Geld extrem knapp.

Geld wird vor allem dann knapp, wenn die Rentenkasse nur noch Schuldscheine statt Geld auszahlen kann.

Die Argentinier erhielten "IOU"s (I owe you = ich schulde Dir).

Der damalige Präsident des IWF wurde aufgrund der im vorangegangenen Kapitel geschilderten Vorgänge zum Schrecken der Argentinier.

Viele Rentner mussten auf der Strasse kampieren. Ihre Rentenzahlungen waren einkassiert worden, und sie konnten ihre Miete nicht mehr bezahlen.

In dieser Zeit haben die erfinderischen Argentinier den "Credito" ins Leben gerufen, um eine Alternative zum Geld zu schaffen.

Mit dieser Ersatzwährung, die auf Arbeitseinheiten basierte, wurde das Überleben der Bürger gesichert.

(1.)   … kann zuschnappen

Die Beispiele Grossbritannien, Finnland und Argentinien zeigen, dass weder Ihre Ersparnisse noch Ihre Renten unantastbar sind.

Aus der Sicht britischer Wirtschaftsfachleute wird in 8 - 10 Jahren die Industrieabwanderung der Gewinnoptimierer so weit fortgeschritten sein, dass unser Sozialsystem in seiner heutigen Form nicht mehr haltbar ist.

Die Situation wird durch Panikreaktionen der Banken verschärft, die zu Recht befürchten müssen, ihre 1,5 Billionen Euro Wiedervereinigungsschulden abschreiben zu müssen.

Der Aufbau neuer Industrien ist schon lange überfällig. Doch niemand scheint bereit zu sein, die erfolgreichen Leistungen und Wege anderer Länder zu übernehmen.

David Marsh, ehemaliger EU-Berater, formulierte es ein wenig sarkastisch:

"Ihr braucht Zustände wie 1945, dann bäumt Ihr Euch auf und vollbringt ein neues Wirtschaftswunder. Den überflüssigen Tod wertvoller Menschen durch präventive Massnahmen zu vermeiden, ist nicht Euer Ding."

David Marsh hat leider recht.

Der angekündigte Crash liegt in der Luft. Er wird ähnlich wie in Finnland, Argentinien oder Grossbritannien über Nacht durch Fremdeinwirkung kommen.

DIE REALITÄT

1. Die chinesische Herausforderung für Europa

1.1 Die japanische und die chinesische Eroberung unserer Industrien

Napoleon hat einmal gesagt:

"Man darf den schlafenden Riesen China nicht wecken. Wenn er erwacht, wird er unser Leben dramatisch verändern.

Nun ist der Riese erwacht.

Und sogleich hat er begonnen, uns Industrien wegzunehmen, statt neue Produkte zu erfinden. Auf diese Weise lassen sich etwa zwanzig Jahre Evolution überspringen.

China will alle interessanten Industrien, die die Japaner übrig gelassen haben.

Die Japaner haben uns folgende Industrien genommen:

**Unterhaltungselektronik
Büromaschinen
Computerdrucker
Kameraproduktion
Kugellagerproduktion
Nähmaschinenproduktion**

Die Chinesen zielen auf:

**Automobilkomponenten
Maschinenkomponenten
Maschinenbau**

Schienenfahrzeugbau
Textilproduktion
Haushaltsgeräteproduktion
Biotechnologie
Fernsehproduktion
Telekommunikation
PKW-Produktion
Raumfahrt- und Flugzeugbau
Produktion von Medikamenten

Unangefochten sind eigentlich nur der Hausbau und die Nahrungsmittel-Aufbereitung.

Bei fortschreitender Industrieabwanderung bricht auch der Hausbau zusammen.

Der Antritt des deutschen Erbes als Industrieausrüster der Welt ist eine Säule Chinas, seinen 1,3 Milliarden Menschen einen amerikanischen oder europäischen Lebensstandard zu geben.

Die vorgenannten Industrien werden morgen für die Zahlung von chinesischen Renten zur Verfügung stehen.

Wir Deutschen müssen ähnlich wie 1945 einen Neuanfang suchen.

2.   Die indische Herausforderung für Europa

Aus Indien erwächst Schritt für Schritt eine industrielle Grossmacht.

Aus der High-Tech-Stadt Bangalore ist mittlerweile eine 7 Millionen-Metropole geworden.

Vormals deutsche High-Tech-Konzerne verlagern ihre Aktivitäten und das Firmenwachstum mehr und mehr nach Indien.

In Bangalore sind die vormals deutschen Tugenden "Präzision, Fleiss, Gewissenhaftigkeit, Kreativität, Erfindungsgabe und die Bereitschaft zu Spitzenleistungen" reichlich vorhanden.

Etwa ein Dutzend bedeutender Technologie-Metropolen sind in Planung oder Konstruktion.

Indien hat die klare Zielsetzung, uns industriell zu überholen. Manche indischen Hersteller sind so stark geworden, dass sie die deutschen Marktführer fast aus der Portokasse kaufen können.

Deutschen Unternehmen wird es immer wieder gelingen, neue Zukunftstechnologien zu gestalten.   Chinesische und indische Unternehmen werden diese Entwicklungen aufgreifen und weiterentwickeln.

Durch die Nutzung der 168-Stunden-Produktentwicklungswoche können sie uns überholen und früher auf dem Markt erscheinen.

Bei den Patentanmeldungen können sie uns zuvorkommen.   Sie können uns somit bei unseren eigenen Entwicklungen schachmatt setzen.

Wir können nur noch zuschauen, wie mit unseren Ideen und Konzepten Milliarden verdient werden.

Finanziell werden wir immer schwächer. Die Finanzkraft schwindet, die sozialen Verpflichtungen und Notwendigkeiten wahrzunehmen.

3.   Die osteuropäische Herausforderung für Westeuropa

3.1   *Die Abwanderung der Industrien nach Osteuropa*

Am 01. Mai 2004 sind zehn neue Mitgliedsstaaten in die EU eingetreten. Rumänien und Bulgarien sind inzwischen ebenfalls Mitglieder geworden. Sechs bis acht weitere Kandidaten stehen in den Startlöchern.

Die neuen und die zukünftigen Beitrittskandidaten wollen alle zunächst Produktionen abwerben.

Bereits fast eintausend Industriebetriebe haben sich für die Ukraine entschieden.

Es ist völlig normal, dass die Erben nicht die Beziehung und Loyalität ihrer Väter zu ihrer Belegschaft haben.

Ukrainische Löhne von 100 Euro im Monat fördern die Gewinnoptimierung.

Die deutschen Industriellen müssen in verstärktem Masse mit den Chinesen konkurrieren. Sie wissen, dass sie die Chinesen unterbieten müssen.

Die Tiefstlöhne und -gehälter bieten die neuen und zukünftigen EU-Mitgliedsstaaten. Die Abwanderung von einigen Millionen Arbeitsplätzen ist bereits schon geplant und findet Schritt für Schritt statt.

Der Restwohlstand, den Chinesen und Japaner uns gelassen haben, wird von den Mittel- und Osteuropäern beansprucht.

Der deutsche Wohlstand wird morgen eine schöne, leere Flasche sein, die wir erst wieder füllen müssen.

Wir können von der ungeheuren Aufbauleistung der Kriegsgeneration nicht weiter zehren.

4. Die Sozialentwicklung beim Modellfall Grossbritannien

4.1 Fast eine Million Tote werden in aller Stille verscharrt

Wie 1945 müssen die über 50-Jährigen neue Produktionen aufbauen. Die jungen Menschen waren damals auf den Schlachtfeldern geblieben und standen nicht zur Verfügung.

Es ist wichtig, reifere Bürger auf eine solche Entwicklung vorzubereiten und die Probleme präventiv zu lösen.

In Grossbritannien hat die Regierung bei der gleichen Entwicklung die Probleme lange Zeit verschwiegen. Die Pensions- und Rentenkürzungen kamen über Nacht und trafen Pensionäre und Rentner völlig unvorbereitet.

Die Sozialleistungen wurden für die Übergangsphase radikal gekürzt.

Krebsbehandlungen, Kreislauferkrankungen etc. wurden aus Kosten-gründen nicht mehr behandelt. Das Leben von ca. einer Million älterer Menschen wurde der Währungsstabilität geopfert.

Präventive Massnahmen hätten den Tod dieser Menschen verhindern können.

Die Überlebenden haben fest geglaubt, dass in ihrer dunklen Stunde die europäischen Rentenkassen ihre Renten zahlen würden. Dies geschah natürlich nicht.

Die Europäer haben zu- bzw. weggeschaut, als die ersten fünf-hunderttausend Rentner durch den finanziellen Mangel sterben mussten. Die Politiker hatten bis zur letzten Stunde alles schöngeredet.

4.2   Britische Opfer, die ich kannte und schätzte

Ich habe in Grossbritannien erfahren, was es bedeutet, wenn die Mehrzahl der Industrien in Richtung Niedriglohnländer abwandert.

Für fünfzehn bis zwanzig Jahre kann der Staat seinen sozialen Verpflichtungen nicht mehr oder nur teilweise nachkommen.

Ich teilte mein Arbeitszimmer mit einem Vertriebsspezialisten, der das Geschäft mit Regierungsstellen betreute.

Er war an Krebs erkrankt. Die Krankenkasse verweigerte ihm die Zahlung der Krebsbehandlung, da er vor fünf Monaten das 50. Lebensjahr vollendet hatte.

Die Steuereinnahmen waren ohne Industrien zusammengebrochen. Die Steuersituation zwang zur Anwendung der Darwin'schen Lehre:

"The Survival of the Fittest".

Wer an Krebs erkrankte, hatte gegen die Lehre von Darwin verstossen.

Mein Arbeitskollege ertrug sein Todesurteil mit grosser Würde. Als seine Stunde gekommen war, füllte er korrekt einen Urlaubsschein aus und nahm zwei Tage frei, um zu sterben.

Etwas später erreichte mich der Telefonanruf eines Freundes, dem eine Herzklappenoperation nicht bewilligt worden war. Er wollte sich vor seinem Tod von mir verabschieden.

Die Würde und Gefasstheit, mit der die Briten ihren Tod akzeptierten, hat mich tief berührt.

Sie verstanden, dass bei einer massiven Industrieabwanderung eine ernsthafte Erkrankung zum Tode führt.

Nur eine Überflussgesellschaft kann sich wirklich human verhalten.

In einer Zeit des finanziellen Mangels sind Schwerkranke Kostenfaktoren, für deren Heilung das Geld einfach nicht mehr zur Verfügung steht.

Das Personal britischer Krankenhäuser bemühte sich, den Tod aus Kostengründen so barmherzig und menschlich wie möglich zu gestalten.

Uns steht das Gleiche bevor.

5. **"The German Crash"** (Zitat aus THE ECONOMIST) **oder Deutschland ohne Rettungsanker "Öl aus der Nordsee"**

5.1 *Welche Industrien werden bleiben, nachdem Japaner, Chinesen und Osteuropäer abgeräumt haben?*

Der Wirtschaftsredakteur des STERN verkündete vor einiger Zeit in der ZDF-Wirtschaftssendung "Talk vor Ort":

"Deutschland wird ebenso wie Grossbritannien ein tiefes Tal von fünfzehn bis zwanzig Jahren durchschreiten müssen, bis wir wieder einen Lebensstandard finanzieren können, wie wir ihn heute haben."

Das britische Wirtschaftsmagazin THE ECONOMIST kündigte den Crash in drei bis vier Jahren an.

Diese Neuigkeiten wurden in einhundertfünfzig Ländern verkündet.

Der EU-Beitritt von zwölf neuen Mitgliedern wird diesen Prozess verzögern. Der Nachholbedarf dieser Länder kurbelt unsere Wirtschaft an.

Die Aussage von David Marsh des ECONOMIST fusst darauf, dass die Abwanderung von vier Millionen Arbeitsplätzen bereits schon geplant ist und Schritt für Schritt stattfindet.

Dieser geplanten Abwanderung ist die Abwanderung von 2,4 Millionen Industriearbeitsplätzen vorausgegangen.

Der Zusammenbruch des deutschen Sozialsystems wird eine logische Konsequenz werden. Schuld daran ist nicht die Regierung, sondern die neuen asiatischen Industrie-Grossmächte. Sie zwingen die deutschen Hersteller, Arbeitskräfte zu suchen, die noch billiger sind als die Asiaten. Diese finden sie in Osteuropa. Der deutsche Arbeitnehmer bleibt auf der Strecke.

1945 sind die Industrien von 50-, 60-, 70- und 80-Jährigen wieder aufgebaut worden. Die jüngeren Arbeiter und Angestellten sind in Stalingrad und Kursk geblieben.

Die Briten mussten eine dekadente Generation ganz oder teilweise abschreiben. Sie war mental auf Erben und Abzocken programmiert.

Die Wirtschaftsredaktion des STERN sprach auch ganz offen von der Dekadenz der deutschen Generation, die in den nächsten fünfundzwanzig bis dreissig Jahren die Rente erwirtschaften soll.

Die Redakteure von STERN und ECONOMIST werden vermutlich recht behalten.

Deshalb ist es für die Generation der über 50-Jährigen sinnvoller, ein Netz aufzubauen.

Wir alle möchten gern an Wunder glauben. Es ist aber besser, zehn bis zwanzig Jahre vorauszuschauen und die Probleme von morgen bereits heute zu lösen.

Andere Märkte mit abwandernden Industrien haben gezeigt, dass der Binnenmarkt für unzählige Produkte fast ganz wegbricht.

Das Warenangebot wird so spartanisch und karg sein wie in einem früheren Ostblockland oder der Ex-DDR.

Die Abwanderung von Industrien bedeutet vor allem Abwanderung von Wohlstand.

In der fortgeschrittenen Phase der britischen Industrieabwanderung waren Möbel, PKW's und Elektronikartikel für die Masse der Arbeiter und Angestellten unerschwinglich.

Wenn man in einem Pub ein Bier trank, verfolgten meist zwanzig hungrige Augenpaare jeden Schluck. Es waren vorwiegend Rentner, für die ein Glas Bier unerschwinglich geworden war.

Deshalb ist es wichtig, den Absatz von Cottage Industrien *) zu europäisieren. Die politischen Zielsetzungen der Europäischen Verfassung begünstigen diese Entwicklung.

Seit Anfang des Jahres 2003 sind ca. einhunderttausend deutsche Kleinunternehmen vom Markt verschwunden, da sie sich auf den deutschen Markt spezialisiert hatten.

Hätten sie sich auf die europäischen Wohlstandsregionen konzentriert, würden wahrscheinlich alle noch da sein.

Der übliche Weg der Vermarktung über Handelsketten ist sehr riskant für neue Produktionen. Die Handelsketten füllen ihre Regale gern mit den Waren von Neugründungen. Wenn die Kaufkraft zurückgeht und der Absatz sinkt, tritt das Remissionsrecht in Kraft.

Handelsketten zahlen nur für verkaufte Ware. Der Hersteller erhält bis zu 100 % seiner Ware in oft unverkäuflichem Zustand zurück.

Dies hat bereits unzähligen jungen Produktionsunternehmen die Existenz gekostet.

Zudem kann ein kleiner Anbieter oft seine gesamte Regalfläche verlieren, wenn ein Grosskonzern mehr dafür bietet.

Deshalb ist es wichtig, eine Struktur zu schaffen, die alle Ströme dieser Zeit übersteht.

Die Betroffenen müssen aufhören zu glauben, dass Reiche und Superreiche ihre Probleme lösen.

In Brasilien wurde bewiesen, dass Opfer von negativen Entwicklungen und Massnahmen ganze moderne Städte in Selbsthilfe erstellen können. Die Lebensqualität wurde durch eigene Leistung geschaffen. Durch Eigeninitiative entstehen Banken und unglaubliche Sachwerte.

In der Aktivierung brachliegender Arbeitskraft stecken unglaubliche Energien.

*) Cottage Industries: Kleinhersteller, die z. T. von zu Hause oder von der Garage aus operieren. Einige haben es zu beachtlicher Grösse gebracht, wie z. B. HP und MICROSOFT.

6. Die Entsorgung der Menschen über 40 Jahre

Durch den Mangel an Arbeitsplätzen war es notwendig geworden, jeden Mitarbeiter über 40 Jahre zum Verlassen seines Arbeitsplatzes zu bewegen. Er wurde einfach für alt erklärt.

Die nachrückende Generation rüttelte nachdrücklich an den Stühlen der Arbeitsplatzinhaber, um sich gut bezahlte Arbeitsplätze zu verschaffen.

Der Druck war meist so stark, dass die meisten schon fünfzehn Jahre vor dem Renteneintrittsalter den Arbeitsplatz räumen mussten.

Dadurch wurde unendlich viel wertvolles Humankapital vernichtet.

Der stetige Abstieg der deutschen Industrienation in die Mittelmässigkeit begann.

Die nachrückenden Vertreter der jungen Generation konnten sich auch nicht lange ihrer durch Mobbing eroberten Arbeitsplätze erfreuen. Die neuen Industriestaaten Mittel- und Osteuropas verdrängten die jungen Deutschen.

Sie konnten mit polnischen, ungarischen oder tschechischen Einkommen in Deutschland nicht leben.

Der 1 : 10-Verfall der deutschen Preise hatte noch nicht stattgefunden.

Die Industrien haben heute schon begonnen, die Ukraine und Russland zu erschliessen. Dort stehen Ingenieure und Facharbeiter für weniger als 100 Euro monatlich zur Verfügung.

Mit diesen Löhnen und Gehältern können sogar die Einkommen der chinesischen Industrie klar unterboten werden.

Der deutsche Unternehmer ist auf der Siegerstrasse.

Der deutsche Rentner und der deutsche Arbeitnehmer bleiben auf der Strecke.

6.1   Selbsthilfe

Arbeitsmarktkonzepte wie die "Ich-AG" wurden medienwirksam auf den Weg geschickt.

Politische Lichtgestalten scheiterten kläglich. Es fehlte das Geld, um die vielen "Ich-AG"s mit dem notwendigen Kapital auszustatten.

Britische Politiker haben den Mut und die Weitsicht gehabt, ihre Preise auf chinesisches Niveau zu reduzieren.

Durch Verordnungen und Massnahmen wurde der Preis für Wohnraum auf chinesisches Preisniveau reduziert. Dies war eine sehr wichtige Voraussetzung für die Renaissance der britischen Industrie.

Warum muss bei uns Wohnraum in Miet- oder Kaufform das Zehnfache kosten wie in chinesischen und indischen Boomregionen?

Die Schaffung einer alternativen Währung und eines alternativen Bankensystems ist eine wichtige Voraussetzung zur Selbsthilfe.

In Brasilien sind ganze Städte durch Selbsthilfe entstanden. So wurden Energie, Kreativität, Fleiss und Tatkraft von unzähligen arbeitssuchenden Menschen für das Schaffen von Lebensqualität eingesetzt.

Man hatte vor allem erkannt, dass weder von den Reichen noch von den Politikern Lösungen kommen würden.

7.   Die Vernichtung des "Made in Germany"

Die vorgenannten Massnahmen haben sicher den Begriff "Made in Germany" ruiniert; denn die Erfahrung der reiferen Mitarbeiter war unverzichtbar.

Durch den Verlust des Arbeitsplatzes aus Gründen der systematischen Einkommenssenkung wurde die Kreditwürdigkeit bei den Banken meist ruiniert.

Die Banken haben entschieden, dass Kunden nach dem 54. Lebensjahr keinen Kredit mehr erhalten, da sie auf dem Arbeitsmarkt chancenlos sind.

Deshalb ist es wichtig, einen Mechanismus zu schaffen, der Gründern von Cottage Industrien mit guten Marktchancen etwas Startkapital verschaffen kann.

Wir können es "Seed Capital" nennen.

Firmen wie HP, Apple Computer, Bosch, Matsushita etc. haben ganz bescheiden mit einem kleinen "Seed Capital" begonnen.

Die "Ich-AG" mit einer Almosenlösung war sicher als Lachnummer geeignet, aber keine sinnvolle Lösung.

8. 500.000 Rentner-Menschenopfer auf dem Altar der Sparmassnahmen?

Wir müssen in unseren Berechnungen davon ausgehen, dass die deutsche Kaufkraft bei der angekündigten Industrieabwanderung von zusätzlichen 46,5 % dramatisch sinkt. Dies ist zusätzlich zu den 40 %, die wir bereits in den letzten Jahren und Jahrzehnten verloren haben.

Wir waren einmal Weltmeister in der Kamera-, Computer-, Spielzeug-, Kugellager-, Motorrad-, Fernseh-, Büromaschinen-Industrie etc..

Wenn diese bereits geplante Abwanderung vollzogen sein wird, dann haben wir 70 % unserer Industriesubstanz verloren.

Die Ausgangsbasis wird schlechter sein als 1945.

In Grossbritannien war mit den Industrien auch der Wohlstand nach Südchina abgewandert.

Die Chinesen hatten nun die vormals britischen Produktionen, dachten aber nicht daran, die britischen Renten und Pensionen zu zahlen.

Die Gelder flossen nun nach China und nicht mehr nach Grossbritannien.

Für eine Übergangsphase wurden in Grossbritannien die Sozialleistungen radikal gekürzt.

Krebsbehandlungen und Kreislauferkrankungen wurden aus Kostengründen nicht mehr behandelt.

Pensionen und Renten konnten nicht mehr bzw. nicht mehr ganz ausgezahlt werden.

Meine britischen Nachbarn erhielten statt ihrer Pensionen als Offizier der britischen Luftwaffe und als Lehrerin die Möglichkeit, als Versicherungsvertreter weiterzuleben.

Es wurden noch etwa 10 % des Anspruchs gezahlt, um den Hungertod abzuwenden.

Vor dem Tod durch Erfrieren im Winter gab es keinen Schutz. Viele Menschen starben an Unterkühlung.

Insgesamt wurde das Leben von ca. einer Million älterer Menschen der Währungsstabilität geopfert.

9. **Mit 60 Jahren hat ein Rentner erst die Hälfte seines Lebens durchschritten. Darf er 120 Jahre alt werden, oder muss er pflichtbewusst zehn Jahre nach Renteneintritt von der Lebensbühne abtreten, damit die Rentenkasse entlastet wird ?**

Bereits im 19. Jahrhundert bekamen die deutschen Industriellen freien Zugang zu den europäischen Arbeitnehmern und ihren attraktiven Einkommen.

Die Einkommensvorstellungen der deutschen Arbeitnehmer wurden sehr schnell zum Ärgernis und leiteten die Entsorgung derselben ein.

Die Lösung für die deutschen Arbeitnehmer war damals die Massenentlassung, Dies führte dazu, dass sich heute 60 % der Deutschstämmigen vor allem in Nord- und Südamerika aufhalten.

Ähnlich wie zuvor in Grossbritannien wird mit hoher Wahrscheinlichkeit als nächstes die Krankenversorgung der Industrieabwanderung zum Opfer fallen.

In Grossbritannien mussten Massenentlassungen von Ärzten und Krankenschwestern durchgeführt werden. Dies führte zu Wartezeiten von bis zu einem Jahr bei medizinischen Massnahmen. Dies wiederum leitete die Darwin'sche Auslese ein, da viele Patienten die Wartezeit nicht überlebten.

So wurden die Krankenkassen von grösseren Kostenverursachern entlastet.

Der Rentner darf nicht Opfer der Kassenlage von Krankenkassen, Rentenkassen oder der Pflegeversicherung werden.

Die Entwicklung auf dem Arbeitsmarkt erlaubt es der reiferen Generation nicht, einen Arbeitsplatz bis zum 80. oder 90. Lebensjahr zu halten, wie es in den USA oder in Japan möglich ist.

Der deutsche Rentner muss einen wesentlichen Teil zu seiner Rente hinzuverdienen. Dabei muss er mit 80, 90 oder 100 Jahren mehr Geld verdienen als in seinen jüngeren Jahren.

Was um Himmels willen haben da jene verloren, die bereits an 60-Jährige in deren Lebensmitte Beerdigungsplätze, Grabsteine etc. verkaufen?

Eine ganze Bewegung ist hier entstanden.

Es sollte eine Gegenbewegung geschaffen werden aus jenen, die nicht bereit sind, sich in ihrer Lebensmitte auf den vorzeitigen Tod vorzubereiten, sondern ihre zweite Lebenshälfte mit Tätigkeiten ausfüllen möchten, die ihnen Freude bereiten.

DIE VISION -

AUCH EIN TEIL DER REALITÄT

1.   Der Neuaufbau von Industrien

1.1   Beispiel Grossbritannien

Über die frühere britische Kronkolonie Hong Kong war es den Chinesen gelungen, die Industrialisierung Südchinas voranzutreiben. Es gelang den Chinesen, Tausende von britischen Produkten mit Millionen Arbeitsplätzen abzuwerben.

Der Aderlass war so gross, dass die Briten eine neue Industrie aufbauen mussten.   Dies geschah recht schnell mit massiver Unterstützung der britischen Finanzämter und Arbeitsämter.

Die Einkünfte aus den Nordseeöl-Förderungen wurden in dieses Projekt gelenkt.

Es dauerte aber fünfzehn Jahre, bis sich diese neuen Produktionen einen Platz im Markt erobert hatten.

Jeder Kunde musste von chinesischen, japanischen, amerikanischen und europäischen Mitbewerbern abgeworben werden.   Dies erforderte sehr viel Zeit.

Die Briten hatten den grossen Vorteil, dass durch die Industrie-Abwanderung der Währungskurs - z. B. von 12 DM : 1 GBP allmählich auf 2 DM : 1 GBP sank. Dadurch sanken die Gehälter auf 20 % des ursprünglichen Wertes.

Es sanken Einkommen und Gehälter gleichzeitig.

Das Einkommen eines Facharbeiters rutschte auf umgerechnet 150 Euro.   Der Abteilungsleiter eines Industrieunternehmens verdiente umgerechnet 250 Euro.

Mit dieser Währungsabwertung von 1 : 6 konnte England einen Neuanfang wagen und war wieder wettbewerbsfähig für den Start neuer Hersteller.

Dieser Prozess wird bald auf uns zukommen.

Chinesen und Inder haben uns in vielen unserer Industrien überholt. Die interessantesten Industrien sind teilweise ganz erobert worden.

Wir müssen uns nach und nach mit osteuropäischen Einkommen zufrieden geben.

Grossbritannien hatte noch ein anderes Problem, nämlich dass die unmittelbar nachrückende Generation dekadent war und nicht die Kraft hatte, neue Industrien aufzubauen.

Es musste erst in den britischen Ausbildungszentren eine Generation herangezüchtet werden, die die Kraft hatte, in zähem Ringen mit chinesischen, japanischen, amerikanischen und europäischen Mitbewerbern Zehntausende von Kunden "wegzunehmen" und Grossbritannien wieder zur wirtschaftlich stärksten Nation Europas zu machen.

Der Wirtschaftsredakteur des STERN sagte vor einiger Zeit in einer Fernsehsendung, dass unsere nachrückende Generation die gleichen Dekadenzprobleme hat.

Es wird auch bei uns fünfundzwanzig bis dreissig Jahre - also eine ganze Generation - dauern, bis Deutschland wieder den Anschluss an die erfolgreichen Industrienationen schafft.

Diese Periode gilt es zu überbrücken.

Die nach Mitteleuropa, Osteuropa und China abgewanderten Industrien werden sich um die chinesischen und osteuropäischen Renten kümmern müssen.

Der deutsche Rentner muss sich selbst helfen.

Vier britische Regierungen konnten das Problem der Industrieabwanderung nicht lösen.

Ein "Think Tank" (= Ideenfabrik) wurde eingesetzt, der unentwegt für teures Geld neue Ideen produzierte.

Man versuchte, amerikanische, europäische und asiatische Grossbetriebe in Grossbritannien anzusiedeln.

Das GBP sank bis auf 20 % seines ursprünglichen Umrechnungskurses in US-$ oder DM. Dadurch sanken die britischen Einkommen unter polnisches Niveau.

Durch staatliche Massnahmen wurden die Mieten dramatisch reduziert.

Die Preise fielen und fielen.

Trotzdem wanderten die Industrien unablässig ab.

Ich erfuhr von einem britischen Unternehmer das K.O.-Kriterium: Er sagte:

"Ich suche hungrige Mitarbeiter, um gegen asiatische und europäische Mitbewerber mit hungrigen Mitarbeitern bestehen zu können. Satte Mitarbeiter lassen mich im Duell mit übermächtigen Mitbewerbern allein.

Ich kann als Einzelner gegen Strukturen mit oft mehr als einer Million Mitarbeiter nicht gewinnen. Wer einen satten Eindruck macht und nur von mir versorgt werden will, kann sofort gehen."

Alle Bemühungen, Grossbetriebe zum Einstellen von vielen Arbeitslosen zu bewegen, scheiterten. Sie waren auf Gewinnoptimierung getunt.

Obwohl Ingenieure nur noch 300 Euro monatlich kosteten, war dies noch zu viel. Chinesische Ingenieure waren ab 50 Euro monatlich zu haben.

James Callaghan wiederholte die Fehleinschätzungen seiner vier gestürzten Vorgänger nicht. Er erkannte, dass die Renaissance aus dem Volk kommen muss:

"Keine Macht der Welt wird unsere Probleme lösen."

Unter seiner Regierung wurden 20.000 kleine Produktionsstätten geschaffen. Dies geschah, ohne dass Industrielle oder Unternehmergründer in Sicht waren.

Die Produktionsstätten wurden dort errichtet, wo Regionen fast alle ihre Industrien durch Abwanderung verloren hatten.

Entlassene mit guten Ideen, Konzepten und Unternehmer-Potential erhielten die Chance, ihre Konzepte zu verwirklichen.

In vielen Regionen wurde ein Teil des Finanzamt-Personals zu "Development Corporations" umgewandelt. Diese hatten die Aufgabe, den Aufbau von kleinen Produktionen mit potentiellen Produktionsgründern zu besprechen, zu planen und sie beim Unternehmensaufbau zu begleiten.

Es wurden eine Million Beamte entlassen, die Pensionen um 80 % gekürzt, um die Gelder für einen neuen Industrieaufbau freizusetzen.

Die entlassenen Beamten wurden an die neuen Betriebe vermittelt.

Durch die Notsituation erhielten Arbeitslose die Chance, Fabrikbesitzer zu werden und einer Anzahl ihrer Mitopfer Arbeit und Brot zu geben.

Die Saat ging grossartig auf.

Im Laufe von zehn bis fünfzehn Jahren entstanden blühende Industrielandschaften. Die Arbeitslosen von gestern waren hungrig und hochmotiviert.

Sie schufen eine neue Industrielandschaft und verwandelten das verarmte Grossbritannien in die wohlhabendste Nation Europas.

Die Finanzverwaltung blieb größtenteils in den Händen der Finanzbeamten; denn sie hatten ihre Pensionen geopfert und Massenentlassungen ihrer Kollegen hinnehmen müssen.

Die Energie und die Tatkraft der Unternehmer aus der Arbeitslosenschicht und die kluge, umsichtige Finanzverwaltung der Beamten ergaben eine sehr effiziente Erfolgsformel.

1.2   Beispiel Finnland

Der Schock über Nacht - wie vorher beschrieben - liess einen Ruck durch Finnland gehen.

Systematisch und unablässig entstanden kleinere Industriebetriebe.

Der Schwerpunkt lag im High-Tech-Bereich und im innovativen Bereich.

Unzählige neue Kleinindustrien entstanden in den finnischen Notstandsgebieten.

Aus einem Patienten wurde innerhalb eines Jahrzehnts ein Kraftpaket an Vitalität, zahllosen neuen kreativen Betrieben und Lebensmut.

Das finnische Schul- und Ausbildungssystem wurde ein Modellfall an Effizienz.

Die Finnen versuchten, viele deutsche Unternehmen zu übernehmen, um sich im Herzen Europas zu etablieren.

Hier wurden die finnischen Initiativen in den Sog der Industrie-Abwanderungen hineingezogen.

Die Finnen erkannten den Trend "Made in Germany" aus China und Osteuropa und polten um.

Der Schock des IWF wurde für die Finnen der Startschuss zu einer eindrucksvollen Erfolgsgeschichte.

1.3   Beispiel China

China hat sich zum Weltmeister im Aufbau von neuen Arbeitsplätzen entwickelt.   Die chinesischen Regionen schaffen Jahr für Jahr zwanzig Millionen neue Arbeitsplätze.

Amerikaner, Europäer, Japaner verlieren ganze Industrien oder wichtige Teile ihrer Kundenbasis und leisten wichtige Beiträge zum chinesischen Erfolg.

Die Eroberung der deutschen KFZ-Elektronik-Industrie ist eine eindrucksvolle Filigran-Arbeit zur fast unbemerkten Eroberung einer Schlüsselindustrie.

Die wichtige feindliche Übernahme aller wichtigen deutschen IT-Hersteller hat China einen entscheidenden Schritt nach vorn gebracht.

Die China Development Corporation *) war nicht an Elektronik-Werken interessiert, sondern an der gezielten Übernahme grosser Kundenpotentiale zum Null-Tarif.

China wird noch lange Zeit zwanzig Millionen neue Arbeitsplätze pro Jahr schaffen.   Die Arbeit von Weltklasse-Teams sichert den Erfolg.

---

*)   Die China Development Corporation hat die Aufgabe, Arbeitsplätze und Industrien für die Provinz Guangdong mit ihren 82 Millionen Menschen aufzubauen. Sie ist für das Erreichen des Zieles, Vollbeschäftigung zu erlangen, verantwortlich.   Ein grosser Teil der Arbeit findet vor Ort in Deutschland, Frankreich, Kalifornien, Japan und in unzähligen anderen Zielmärkten statt. Die CDC hat z. B. erfolgreich die deutsche Fernsehindustrie nachhaltig vernichtet. Guangdong beschäftigt lieber ein Heer von 50.000 Verkäufern als 50.000 Soldaten und schafft damit harte Fakten auf dem Weltmarkt.

Die deutsche Bevölkerung muss sich auf bedeutende Veränderungen einstellen.

Der amerikanische Dollar wird von den Chinesen gestützt. Das riesige amerikanische Defizit zwingt die USA dazu, auf das amerikanische Aushängeschild zu verzichten.

China sichert sich mit seinen Exportüberschüssen die Rohstoffabbau-Rechte zu See und Land in Asien, Afrika und Lateinamerika.

Wer über die Rohstoffvorräte verfügt, dem gehört die Zukunft. Die chinesische Bemühung, die Dresdner Bank zu kaufen, war sicher eine Chance, einen Teil der riesigen chinesischen Devisenvorräte in europäische Kassen zu lenken.

Die Loyalität zu unserer früheren Besatzungsmacht Russland hat die Oberhand gewonnen. Den Chinesen wurde klargemacht, dass kein Interesse an den riesigen chinesischen Geldvorräten besteht.

Bei einer Entscheidung zugunsten der Chinesen würden wir heute zur chinesischen Einfluss-Sphäre gehören. China hat die klare Absicht, den Westen durch das Reich der Mitte in der Weltführerschaft zu ersetzen.

Wir sind gut beraten, uns bereits heute in diese Welt zu integrieren.

Angesichts der chinesischen und indischen jährlichen Zuwachsraten von 80 % sind die Forderungen unserer Gewerkschaften nach fortwährenden Gehaltserhöhungen sicher Steinzeitmethoden. Sie lösen eine ungeheure Arbeitsplatztransfer-Wirkung nach China und in andere Billiglohnländer aus.

Wenn wir die Kosten für Wohnraum in konzertierter Aktion auf 10 % der heutigen Kosten senken würden, so könnten wir schrittweise einen viel höheren Beitrag zur Lebensqualität erreichen.

Aufgrund der chinesischen Stadt Hong Kong im britischen Wirtschaftsraum war Grossbritannien das erste Opfer chinesischer Industrieexpansion.

Die britischen Kunden waren begeistert von dem 50 % niedrigeren Preisniveau der Chinesen. Die damit ermöglichten Megaprofite schufen eine Euphorie unter vielen britischen Grosskunden.

Aufträge an europäische Hersteller wurden mitunter erteilt unter dem Vorbehalt, dass kein chinesischer Hersteller die Produkte zum halben Preis kopieren konnte.

Den Repräsentanten chinesischer Organisationen wurden recht häufig permanente Büros in Einkaufszentralen eingerichtet. Die britischen Hersteller mussten entweder wesentliche Teile ihrer Fertigung nach China verlegen oder ihre Preise auf chinesisches Niveau reduzieren.
Wer dies nicht konnte, verschwand vom Markt.

Die Not zwang die Briten, Preise und Löhne auf asiatisches Niveau zu reduzieren. Die Lebensqualität litt nicht darunter. Jeder Arbeiter und jeder Angestellte konnte sich Konzert- und Theatervorstellungen leisten, die sonst nur den Betuchten vorbehalten sind.

Unter extremem Druck können sich Gesellschaften erstaunlich verändern.

Diesem Vorbild müssen wir folgen.

1.4   Beispiel Indien

Indien ist nach China auf dem Wege, eine industrielle Grossmacht zu werden.

Pilotprojekte wie Bangalore und Bombay sind ungeheuer erfolgreich. Mit Bangalore ist eine High-Tech-Metropole von sieben Millionen Einwohnern entstanden.

Die Inder empfinden sich als neue Elite, die die High-Tech-Welt von morgen beherrschen wird.

Das indische Erziehungssystem vermittelt die Tugenden, die vormals die deutschen Arbeitskräfte ausgezeichnet haben: Fleiss, Zuverlässigkeit, Kundenorientierung und Präzision.

Die Vorteile, die vormals ein höheres deutsches Einkommen rechtfertigten, haben sich in Luft aufgelöst. Die Inder sind auf der Überholspur. Wenn kein Wunder geschieht, werden wir wie vor mehreren Jahrhunderten sehnsuchtsvoll nach Indien schauen.

Bei uns sind die Preise für Wohnraum zehnmal höher als in Indien. Für nur 30.000 Euro kann man in Indien eine komfortable Villa bauen lassen.

Die deutschen Arbeitskräfte und Gewerkschaften müssen heute für Massnahmen zur Reduzierung von Wohnraum statt für Lohnerhöhungen kämpfen. Lohnerhöhungen wird sich die deutsche Wirtschaft bald nicht mehr leisten können, ohne Schaden zu erlangen.

Grossbritannien hat in der gleichen Situation den Banken verordnet, 50.000 Euro als Obergrenze für Hypothekendarlehn durchzusetzen.

Dies führte dazu, dass selbst herrschaftliche Adligensitze keinen höheren Preis als 50.000 Euro erreichten.

Dieser Zwang führte dazu, dass die britische Bauwirtschaft lernte, Gartenstädte mit hübschen Häusern für nur 30.000 Euro zu errichten.

Indien wandelt sich nicht so explosiv wie China, dafür aber unaufhaltsam. Es wird den Westen zielstrebig langfristig hinter sich lassen.

Wir haben uns mittel- und langfristig in eine Welt zu integrieren, in der Asien und nicht mehr der Westen die Richtung bestimmt.

2. Wie erhält man sich fit und vital bis zum erreichbaren Alter von 120 Jahren ?

2.1 Arbeitsfähig bis über 100 Jahre hinaus

Die heutigen Mittel der Naturmedizin aus Asien, Europa und den beiden Amerikas machen ein Erreichen der natürlichen Lebensspanne von 120 Jahren langfristig möglich.

Beim Ausschöpfen aller Möglichkeiten, die bereits heute und morgen zur Verfügung stehen, ist das Renteneintrittsalter eigentlich die Lebensmitte.

Krebs, Kreislauferkrankungen, Diabetis und der allmähliche Zelltod verhindern die Chance, ein Alter von 120 Jahren zu erreichen.

Es gilt, durch Vorbeugungsmassnahmen den frühzeitigen Tod vor Erreichen des möglichen Ziels zu verhindern.

Zum Erreichen des Lebensziels von 120 Jahren sind folgende Voraussetzungen erforderlich:

1. **Der feste Wille, 100 Jahre oder mehr zu erreichen.**

2. **Beschränken der Nahrung auf lebenswichtige Kost.**

3. **Durchführung von zellverjüngenden Massnahmen.**

4. **Regelmässige Wanderungen und damit bessere Durchblutung des Gehirns, die Voraussetzung für lebensverlängerndes Gehirntraining.**

5. **Sich einer lebenserhaltenden Aufgabe widmen.**

2.2 Ein 92-jähriger kalifornischer Supermarkt-Manager, der seinen Arbeitsplatz auch mit 100 Jahren noch verteidigen will

In Kalifornien traf ich einen 92-jährigen Supermarkt-Manager, den ich erstaunt darüber befragte, wie er es schaffte,

1. **wie ein 55-Jähriger auszusehen und**

2. **sich in seinem Alter noch einen solchen Arbeitsplatz zu erhalten.**

Er antwortete: "Well, ich will auch noch mit 100 Jahren hier stehen. Nur wer mit jeder Faser seines Herzens mit 100 Jahren noch voll im Arbeitsleben stehen will, erreicht das auch."

Ich lernte, dass das Erreichen der natürlichen Lebensspanne kein Produkt des Zufalls ist, sondern ein Produkt von systematischer Arbeit.

- **Man muss mit 100 Jahren noch voll im Leben stehen und voll ins Arbeitsleben integriert sein.**

- **Untätigkeit begünstigt den Zelltod.**

- **Durch die Bereitschaft, immer wieder neue Dinge zu lernen, werden die Gehirnzellen aktiviert, und die Bildung von neuen Gehirnzellen wird gefördert.**

  Der Supermarkt-Manager hatte sich ein enormes Hintergrundwissen von allen Produkten erworben, die er in seinem Supermarkt verkaufte.

Er gab mir eine Kostprobe davon, indem er mir die Historie von etwa 300 deutschen Käsen aus dem 19. Jahrhundert zitierte, die in Deutschland fast völlig in Vergessenheit geraten sind.

Dieses Hintergrundwissen wurde von der anspruchsvollen Kundschaft in seinem Umfeld sehr geschätzt und machte ihn unersetzlich.

- Die Völker des Himalaya, in den Anden, im Kaukasus und in den Bergen Japans haben ein Trinkwasser zur Verfügung, das mit ca. einhundert Mineralien, zweihundert Spurenelementen und der richtigen elektrischen Ladung zur Erneuerung der Gehirn- und Körperzellen wesentlich beiträgt.

- Durch intensive Wanderung an frischer Luft werden die Durchblutung des Gehirns und der wichtigen Organe gefördert.

- Der Kalifornier glich den Nachteil des nicht verfügbaren biokolloidalen Wassers durch die Einnahme von Naturheilmitteln, vorwiegend asiatischer Herkunft, aus.

- Er nutzte die Lebensverlängerungs-Massnahmen der Japaner und kombinierte sie mit Wanderungen in der Sierra.

Somit erzielte er ein mit Sauerstoff angereichertes Blut mit lebensverlängernden Massnahmen.

Er schwor auf den symbiotischen Effekt.

- Die Lebensverlängerungs-Massnahmen hatten durch das mit Sauerstoff angereicherte Blut eine vier- bis fünffach stärkere Wirkung.

- Er hatte die Bereitschaft, alle Fortschritte zur Lebensverlängerung zu nutzen.

- Er setzte sich klare Ziele und arbeitete auf die Verwirklichung dieser Ziele hin.

2.3　Ein 83-jähriger Kalifornier, der Zeichentrickfilme für Walt Disney erstellt

Meine Frau und ich sassen auf einer Bank oberhalb der California Bay, von wo aus man einen phantastischen Blick auf die Bucht hat und den Wellenreitern bei ihren mehr oder weniger imposanten Ritten auf den Wellen des blaugrünen Pazifik zuschauen kann.

Der nette ältere Herr, der sich zu uns gesellte, seufzte ein wenig:

"Ach, diesen Teil meines Lebens vermisse ich sehr (er meinte das Wellenreiten).　Aber ansonsten bin ich mit meinem Dasein noch durchaus zufrieden."

Er erzählte uns, dass er aus Dänemark stamme und von Beruf Zeichner sei.

Mit seinen 83 Jahren wirkte er noch bei der Produktion von Walt Disney's Zeichentrickfilmen mit.

Darauf war er - zu Recht - stolz.

Wir unterhielten uns, bis seine Tochter kam und ihn daran erinnerte, dass es an der Zeit sei, nach Hause zu kommen.

Der alte Herr wirkte vielleicht nicht wie ein 55-Jähriger.　Etwas anderes war es, das uns hier beeindruckte.

Hier hatte man einem offensichtlich hochbegabten Mann auch noch im Alter von 83 Jahren die Chance gegeben, weiterhin tätig sein zu dürfen.

Bei uns wäre er schon vor dreissig Jahren "entsorgt" worden.

2.4 Ein 92-jähriger chinesischer Unternehmer, der die Familien seiner arbeitslosen Kinder ernährt und sehr viel Freude dabei hat

Der 92-jährige Rikscha-Unternehmer war in der Lage, in englischer Sprache die zehntausend-jährige chinesische Kultur und Zivilisation zu vermitteln.

Das war sein Hobby.

Er lief die Strecke zum Heiligen Tal. Alle Kunden waren mit Sicherheit an der chinesischen Kultur und Zivilisation interessiert.

Er konnte seine eindrucksvolle Datenbank zu diesem Thema einsetzen und so das Leben und das Bewusstsein bereichern.

Er konnte mühelos komplexe philosophische Zusammenhänge in einer Fremdsprache erklären.

Er nutzte die Wartezeiten auf Kunden zur Fortbildung.

Dieser Mensch wird nie ein Pflegefall.

Er beschäftigte sich fortwährend mit neuen Welten, die seine Gehirnzellen förderten.

Ich hatte den Rikscha-Fahrer für zwei Tage gemietet. Er kämpfte verzweifelt um meinen Auftrag gegen rücksichtslose, jüngere Mitbewerber.

Er unterhielt fünf Rikschas, mit denen er Pilger ins Heilige Tal transportierte. Später erfuhr ich, dass ein Dutzend Familienmitglieder von seiner Arbeit lebten. Seine Kinder waren arbeitslos oder als Wanderarbeiter tätig. Seine Grossfamilie lebte von seinen Einnahmen.

Der Kampf um das tägliche Brot wirkte wie ein Jungbrunnen.

Er nutzte das chinesische Wissen der Zellverjüngung. Dies versetzte ihn in die Lage, täglich 15 bis 20 km mit seiner Rikscha durch die Strassen zu traben.

Er plante, auch mit 100 Jahren noch ein erfülltes Leben zu führen und seinen Beruf auszuüben.

Seine Fitness im hohen Alter war kein Zufall, sondern das Resultat von systematisch betriebener Zellverjüngung mit den Mitteln des chinesischen Wissens.

2.5 80-jährige chinesische Handwerker, die die schönsten Vasen der Welt herstellen

Die schönsten Vasen der Welt werden in China von 80-Jährigen gefertigt.

Als ich von einem der Künstler wissen wollte, wie er es fertig brachte, in seinem Alter noch solche herrlichen Kunstwerke herzustellen, sagte er schlicht:

"Sehen Sie meinen Kollegen dort drüben. Der ist erst siebzig.

Mit siebzig hat man noch nicht die Erfahrung wie mit achtzig."

Dem ist nichts hinzuzufügen.

2.6 100-Jährige im Himalaya treiben Yak-Herden über die Pässe

Das Volk der Hunzas wohnt an den Berghängen des Himalaya. Ein Alter von 100 bis 120 Jahren wird recht häufig erreicht.

Einen Fall von Krebs- oder Herz-Kreislauferkrankungen hat es noch nicht gegeben.

Selbst im Alter von 100 bis 120 Jahren lässt das Seh- oder Hörvermögen nicht nach.

In diesem Alter haben die Hunzas noch ein perfektes Gebiss.

Sie arbeiten noch hart auf den Feldern.

Selbst im Alter legen sie leichtfüssig noch Dutzende und oft Hunderte von Kilometern zurück.

60- bis 70-Jährige sehen oft noch jugendlich aus.

Bei medizinischen Untersuchungen waren keine Erkrankungen festzustellen.

Worin liegt ihr Geheimnis ?

1. Das Trinkwasser

Das Trinkwasser der Gebirgsbäche ist biokolloidal.

Es enthält keine krebserregenden Nitratspuren oder Spuren von Insektiziden, Pestiziden, Fungiziden oder Herbiziden.

Das Trinkwasser enthält zahlreiche, extrem kleine Mineralienpartikel und negative Wasserstoff-Ionen.

Das biokolloidale Wasser der Hunzas weist 77 Mineralien auf.

Diese Mineralien und Spurenelemente setzen den Prozess der Zellerneuerung in Gang.

Degenerative Erkrankungen durch De-Mineralisierung des Organismus können nicht auftreten.

Das Gebirgswasser der Hunzas enthält Mikropartikel, die stark Energie-geladen sind. Sie laden alle anderen Nährstoffe mit Energie auf, auf die sie treffen.

Der Alterungsprozess ist nämlich ein Elektronenverlust der Zellmembrane.

Das biokolloidale Wasser verschafft der Zellmembrane neue Elektronen und wirkt so dem Alterungsprozess entgegen.

2.   Die Nahrung

Die Hunzas leben vorwiegend vegetarisch und nehmen selten Fleisch oder Eier zu sich.

Darin liegt also ihr Geheimnis:

Im biokolloidalen Wasser und einer fleischarmen Kost.

2.7   Andenbewohner bestellen mit 110 Jahren noch ihre Felder

Die Region von Vilcabamba, das Herzland der Inkas im heutigen Ekuador, ist bekannt für ihre hohe Anzahl von Hundertjährigen.

Alle Hundert- und über Hundertjährigen weisen Gefässe und das Herz von Vierzigjährigen auf.

Auch im hohen Alter zeigen Muskeln und Knochen keinerlei Anzeichen einer Arthrose.

Die Hundert- und über Hundertjährigen sind noch voll im Arbeitsleben integriert.

Bereits zur Zeit der Inkas war das Renteneintrittsalter 80 Jahre.

Viele Männer heirateten noch mit 90 Jahren und zeugten in diesem Alter noch Kinder.

Es herrschte und herrscht der feste Wille, 100 Jahre und älter zu werden.

Die Rahmenbedingungen in der Region von Vilcabamba ähneln denen in der Region der Hunzas.

3. Können über 50-Jährige beim Aufbau einer neuen deutschen Industrie Initiator sein und einen Schlüsselbeitrag leisten ? Ja, sie können es. Hier ist das "Wie ?"

3.1 Das japanische Erfolgsmodell

In Japan besteht eine Tradition, bei Zusammenbruch von Unternehmen durch intensive Mitarbeit aller Beteiligten eine neue Chance zu erarbeiten.

Ich habe für eine japanische Arbeitsmarkt-Initiative zusammen mit einem amerikanischen Kollegen ein europäisches Absatznetz für ältere Japaner aufgebaut.

Die früheren Arbeitgeber der Arbeitssuchenden waren durch chinesischen Wettbewerb aus dem Markt gedrängt worden.

Die Arbeitssuchenden waren bis zu 80 Jahre alt.

Da die Altersversorgung zu 100 % aus der Betriebsrente bestand, die nun weggefallen war, waren die Betroffenen hochmotiviert.

In 16-Stunden-Schichten wurden sie umgeschult.

Die Produkte wurden von der Region besorgt, um die Kosten für ein Produktionsprogramm in einen bescheidenen Rahmen zu zwängen.

Das betroffene Personal wurde noch weitere sechs Monate von der Region finanziert.

Nach sechs Monaten härtester Arbeit lagen genügend Aufträge vor, um durch Auftragsfinanzierung die Sozialkasse zu entlasten. Die Auftragsfinanzierung wurde von lokalen Banken durchgeführt und war durch die Region Kobe organisiert.

Nach achtzehn Monaten wurde vom Punkt Null an bereits ein Umsatz von 25 Millionen Euro erzielt.

Das mag nicht viel erscheinen, aber jeder Kunde musste von anderen asiatischen Mitbewerbern abgeworben werden.

Von den Japanern erhielt ich eindrucksvollen Rückenwind. Die Erfüllung meiner Aufgabe sicherte zweihundertsechzig Japanern das Überleben.

Kollegen in Nordamerika und Asien erfüllten die gleiche Aufgabe.

Es wurde insgesamt für fünfhundert Japaner Arbeit und Brot erarbeitet.

Der Vorteil gegenüber unserem System war, dass fünfhundert bis sechshundert Langzeitarbeitslose sofort integriert wurden und innerhalb eines halben Jahres einen neuen soliden Arbeitsplatz aufbauen konnten.

3.2 Die Übertragung auf und die Anpassung an unsere Mentalität und Lebensumstände unter Berücksichtigung der von den Chinesen vorgegebenen Rahmenbedingungen

Natürlich können unsere Industrien gegen die riesigen Industrien, die in Asien und Osteuropa entstehen, als Gesamtheit nicht überleben.

Dort wird die 100-Stunden-Woche geliefert. Ingenieure erhalten 100 Euro monatlich.

Der Industrielle ist glücklich.

Der Herausforderer kann in Bereichen und Teilbereichen geschlagen werden.

Der Kampfplatz muss sehr sorgfältig ausgewählt werden.

Die Schwachstellen des Herausforderers müssen geschickt genutzt werden.

Eine begrenzte Region kann von den Fehlern des Herausforderers leben, bis allmählich Chancengleichheit geschaffen wird.

Die asiatische Herausforderung wird uns aufgezwungen. Sie zwingt uns zu einem neuen Lebensabschnitt. Wir können in der gewohnten Form nicht weiterleben. Wir verlieren unsere vertrauten Lebensgewohnheiten, die fast immer überholte, historische Wurzeln haben.

China und Indien planen und bauen Technologie-Cities und Mega-Industriemetropolen von einer Million bis 60 Millionen Einwohnern.

Die Bündelung einer Technologie in einer Metropole schafft kurze

Wege, intensiven Informationsaustausch und eine hohe Fortschritts-geschwindigkeit.

Europa muss seine Technologien ebenso bündeln. Die Zeit des Kleinstaaten-Planens und -Handelns ist im Technologie-Bereich nicht überlebensfähig.

Industriekonzentration in einem Wirtschaftsraum zwingt alle Mitarbeiter dieser Industrien, sich allmählich dort hinzubewegen.

Millionen Immobilien werden so überflüssig und verlieren ihren Wert. Sie finden selbst bei grossen Preisnachlässen keine Käufer.

Sie sind historische Zeugen einer Industriepolitik, die überholt ist. Als Absicherungen für Darlehn werden sie ungeeignet.

EPILOG

China schaffte in diesem Jahr zwanzig Millionen neue Arbeitsplätze.

Dieses Ziel wurde bereits in den vergangenen Jahren erreicht.

Das Beispiel Grossbritannien zeigt, dass diese Dynamik die alte Sozialordnung zunächst erschüttert und dann zerstört.

Die Briten verloren nach und nach ihre Arbeitslosenversorgung, ihre Krankenversorgung und ihre Altersversorgung.

In diesem Prozess werden wenige Industrielle unermesslich reich.

Beim Fortfall des Sozialsystems für fünfzehn Jahre treten sehr schnell finanzielle Engpässe auf.

Deshalb empfiehlt es sich, mit den Vorbereitungen sofort zu beginnen.

Chinesische Unternehmen sind in der Lage, in Schlüsselabteilungen wie z. B. Entwicklung, die 168-Stunden-Woche zu nutzen. Dies hilft enorm, auf der Überholspur nach vorn zu kommen.

Wir laufen natürlich mittel- und langfristig Gefahr, zum Museum zu werden.

NACHSPANN

Der Rentner von heute muss die Lehre von Darwin akzeptieren und als Chance begreifen, auch im Alter von 100 Jahren noch ein aktives, erfülltes Leben zu führen.

Die Natur kennt keine Gnade gegenüber dem Lebewesen, dessen Kräfte nachlassen. Es wird aufgefressen.

Die scheinbare Gefühlskälte der globalen Welt müssen wir als Chance begreifen.

Die Generationen vor uns haben mühsam ihre Waren in der Kiepe zu Fuss nach den Niederlanden oder nach Polen tragen müssen, um dort das Bargeld für Kleidung, Schuhe oder Medizin zu verdienen.

Heute können Sie in Sekundenschnelle europaweit operieren und Chancen für Ihre Arbeit, Ihre Dienstleistung oder Ihre Produkte entwickeln.

Sie müssen die Komplexität und Vielfalt unserer europäischen und globalen Welt lieben lernen.

Niemand hindert Sie daran, täglich ein neues Projekt zu starten wie der Angler an der Seine, der viele Angeln ins Wasser werfen muss, um Fische zu fangen.

Ihrer Kreativität sind keine Grenzen gesetzt. Machen Sie unermüdlich weiter, bis Sie Ihr Einkommensziel erreicht haben.

Erarbeiten Sie zunächst einen detaillierten Plan und setzen Sie dann Ihren Plan energisch und nachhaltig in die Tat um.

Wenn Sie unglücklicherweise in einem Notstandsgebiet leben, so können Sie trotzdem mit dem Internet Ihre Chancen in den Wachstums- und Erfolgsregionen Europas ergreifen.

Viel Erfolg und Prosperität !

ÜBER DEN AUTOR ...

Norbert Braun - Diplom-Industriedolmetscher für die englische und französische Sprache, Industriekaufmann, Verkaufstrainer und - Ausbilder - wurde durch den vielseitigen Einsatz im Verlauf seines Arbeitslebens zum "Mr. Mission Impossible" auf dem Vertriebssektor. Er wurde immer dann eingesetzt, wenn es für den "normalen" Vertriebsmann zu schwierig wurde.

Neben der zuvor beschriebenen japanischen Arbeitsmarktinitiative gehörte unter anderem zu seinen Aufgaben, an die Zentralen der staatlichen Arbeitsämter, an Arbeitsministerien, Wissenschafts-Ministerien, an Regionalverwaltungen und Schulungsorganisationen die für die Neuen Bundesländer gezimmerte CBL-SW (Computer-based Learning Software) zu vermarkten.

Dies geschah zur Zeit der deutschen Wiedervereinigung, da sehr viele Menschen auf die Arbeitsweisen des Westens umgeschult werden mussten.

Nach dem Ablauf der Ex-DDR-Umschulungen wurde ein Nachgeschäft organisiert, vor allem in Ländern mit grossen Arbeitsmarktproblemen.

Hierzu gehörten: China, Russland, Australien, Kanada, Nordspanien, Frankreich, Grossbritannien und Irland.

Es ist dem Autor ein Bedürfnis, sein Wissen und seine reichhaltige Erfahrung zur Verfügung zu stellen, um einen Beitrag zu leisten, den Bewohnern von sterbenden Wirtschaftsregionen und Mitarbeitern von abwandernden Industrien dazu zu verhelfen, sich einen Teil des verloren gegangenen Lebensstandards zurückzuerobern.

Das Thema geht aber auch den Rest der Bevölkerung an.

Je früher man die Weichen für Gesundheit und ein sehr langes, aktives Leben stellt, umso mehr zahlt sich dies in der zweiten Lebenshälfte aus.

QUELLENVERZEICHNIS

1.	Das Geheimnis der Verjüngung	Hans Maeter Heinrich Schwab Verlag Gelnhausen 1963
2.	Die Macht des Unterbewusstseins	Dr. Murphy Ariston Verlag Genf 1991
3.	Die Brockhaus Ernährung	F.A. Brockhaus Mannheim 2001
4.	Jungbrunnen	Dr. Nobua Shioya KOHA Verlag Burgrain 2003
5.	Krebs verstehen	Dorisa Schadow Orlanda Verlag Berlin 1997
6.	Auch Sie können wieder jünger werden	Dr. Norman Walker Wilhelm Goldmann Verlag München 2002

Zeitschriften:

The Economist	L'Expansion	L'Express
Asia Today	STERN	